走遍世界

很简单

ZOUBIAN SHIJIE HENJIANDAN

巴西大探秘

BAXI DATANMI

知识达人 编著

成都地图出版社

图书在版编目（CIP）数据

巴西大探秘 / 知识达人编著 . — 成都 : 成都地图
出版社 , 2017.1（2021.10 重印）
（走遍世界很简单）
ISBN 978-7-5557-0297-9

Ⅰ . ①巴… Ⅱ . ①知… Ⅲ . ①巴西—概况 Ⅳ .
① K977.7

中国版本图书馆 CIP 数据核字 (2016) 第 094451 号

走遍世界很简单—— 巴西大探秘

责任编辑：吴朝香
封面设计：纸上魔方

出版发行：成都地图出版社
地　　址：成都市龙泉驿区建设路 2 号
邮政编码：610100
电　　话：028 - 84884826（营销部）
传　　真：028 - 84884820

印　　刷：唐山富达印务有限公司
（如发现印装质量问题，影响阅读，请与印刷厂商联系调换）

开　　本：710mm×1000mm　1/16
印　　张：8　　　　　　字　　数：160 千字
版　　次：2017 年 1 月第 1 版　　印　　次：2021 年 10 月第 4 次印刷
书　　号：ISBN 978-7-5557-0297-9
定　　价：38.00 元

前　言

美丽的大千世界带给我们无限精彩的同时，也让我们产生很多疑问：世界上到底有多少个国家？美国位于什么地方？为什么奥地利有那么多知名的音乐家？为什么丹麦被称为"童话之乡"？……相信这些问题经常会萦绕在小读者的脑海中。

为了解答这些问题，我们精心编写了这套《走遍世界很简单》系列丛书，里面包含了世界各国丰富的自然、地理、历史以及人文等社会科学知识，充满了趣味性和可读性，力求让小读者掌握最全面、最准确的知识。

本系列丛书人物对话生动有趣，文字浅显易懂，并配有精美的插图，是一套能开拓孩子视野、帮助孩子增长知识的丛书。现在，就让我们打开这套丛书，开始奇特的环球旅行吧！

路易斯大叔

美国人，是位不折不扣的旅行家、探险家和地理学家，足迹遍布全世界。

多多

10岁的美国男孩，聪明、活泼好动、古灵精怪，对一切事物都充满好奇。

米娜

10岁的中国女孩，爸爸是美国人，妈妈是中国人，从小生活在中国，文静可爱，梦想多多。

目 录

目 录

时间过得真是太快了，路易斯大叔和孩子们又要踏上新的旅途啦！

此时，路易斯大叔正拿着放大镜专心地研究着地图，一旁的多多和米娜早就等不及了，充满期待地等着大叔的决定。

"哈哈，就去这里啦，你们一定会喜欢的！"

路易斯大叔在地图上画了个圆圈，微笑地看着两个可爱的孩子。

"路易斯大叔，我们下一站去哪里呀？"多多和米娜异口同声地问道。

"多多，你不是很喜欢踢足球吗？这次我们去的地方就是足球之国。这个国家积淀了深厚的桑巴足球文化，还是罗纳尔多、卡卡等足球明星的故乡呢，在那里你可以欣赏到正宗的桑巴足球，还可以在街头足球舞台上一展球技。至于米娜嘛，可以和当地人学习正宗的桑巴劲舞，争取在热闹的狂欢节上变成桑巴小公主。你们说，这是不是两全其美呀？"路易斯大叔故意卖关子，多多和米娜早就兴奋地跳了起来。

"太好啦，我有机会成为足球明星啦！"多多实在是太高兴了。

"路易斯大叔，桑巴舞一定很好看吧，我现在都已经等不及想学了。这到底是哪个国家呀？快点告诉我们吧。"米娜眨着漂亮的大眼睛焦急地问。

"我们要去的这个国家就是濒临大西洋的巴西。巴西不仅是足球和桑巴舞的故乡，还是一个非常漂亮的国家。那里不仅生长着茂密的热带雨林，还有广袤的巴西平原，以及举世瞩目的伊瓜苏大瀑布，就在伊瓜苏河的尽头。我们可以在偌大的巴西国家公园观赏奇珍异草，也可以在危机四伏的亚马孙流域进行丛林探险。现在正好是二月份，我们还有机会参加巴西热闹的狂欢节呢！孩子们，快点儿收拾行囊，准备出发吧！"路易斯大叔越说越兴奋，仿佛此时已经置身于这一神奇的国度了。

听完路易斯大叔的话后，多多和米娜立刻分头准备。神奇的巴西之旅马上就要开始了。

几天之后，路易斯大叔带着多多和米娜乘坐着飞机来到了巴西的上空。多多和米娜目不转睛地注视着这片神奇而陌生的土地。从飞机的窗户望下去，巴西大地一片翠绿，蜿蜒的河流像条条蚯蚓，爬行在广袤的土地上。只是这一望，就知道巴西一定是一个非常美丽的国家。

"路易斯大叔，为什么巴西的大地都是绿色的？"米娜满脸疑惑地问路易斯大叔。

"呵呵，米娜，这便是巴西的热带雨林——亚马孙森林，从飞机上看就是翠绿的一片，一眼望不到尽头。你知道它有多大吗？它

的面积达750万平方千米，占世界森林面积的1/3，有'地球之肺'的美称。因此巴西是典型的热带雨林气候，常年高温多雨。这里生活着数以万计的珍稀动植物，仿佛是一个巨大的动植物保护园。巴西政府一直非常重视对这片热带雨林的保护，所以我们今天才有机会看到如此美丽的丛林景色。"知识渊博的路易斯大叔耐心地为米娜讲解。

"热带雨林里的动物一定是我们平时很难见到的，丛林冒险一定非常有趣、非常刺激，我一定要好好体验一下！"听了路易斯大叔的介绍，多多深深地陶醉在对丛林冒险的憧憬中。

他们正说着，飞机着陆了，多多和米娜飞一般地冲出了机舱。首先映入他们眼帘的就是国际化的豪华机场，机场的设施非常现代化，彬彬有礼的服务人员也让三个人有一种宾至如归的感觉。

"路易斯大叔，原来巴西也有这么繁华的地方，茂密的热带雨林到底在哪儿呢？"多多望着这个豪华的机场，着急地问起路易斯大叔。他最关心的还是那片热带雨林。

"哈哈，多多，别着急，巴西不但有茂密的热带雨林，还有繁华的现代都市！现在先让我们参观一下巴西的第一大城市——圣保罗。这座城市是依靠繁荣的咖啡贸易崛起的，目前是巴西的工业、金融中心。在历史上，圣保罗曾是印第安人的聚集地；如今，圣保罗高楼林

立，车水马龙，一派繁荣时尚的现代化都市景象！这里有热闹非凡的保利斯塔大街，还有神秘异常的东方街。我们这次巴西之旅的第一站就选在这里，我们的旅程开始喽！"

路易斯大叔看了看圣保罗的高楼大厦，带着米娜和多多开始了他们的巴西之旅。

"既有茂密的雨林，又有繁华的都市，巴西到底是怎样一个神奇的国度呢？"米娜和多多的心里都不禁产生了这样的疑问，他们期待着能快些揭开谜底。

第1章

肤色各异的巴西人

太阳刚刚升起，阳光透过玻璃射进了路易斯大叔的房间。

"醒醒，路易斯大叔！我们今天不是要去踢足球吗？我都准备好啦！"多多一边摇着路易斯大叔的胳膊一边问。只见他身穿足球服，一副整装待发的样子。

"我不要踢足球，我要去看巴西的桑巴舞！"米娜忙大声地提醒着。不知何时，她也走进了路易斯大叔的房间。

路易斯大叔睁开蒙眬的睡眼，说道："稍等片刻，总得让我准备一番吧。"多多和米娜拉开窗帘，眼睛不停地打量着街上过往的人群。

圣保罗繁华的街道两旁高楼林立，立交桥四通八达，编织着城市便捷的交通网络。繁华热闹的步行街和广场上，聚集着不同肤色的观光客们，形成了巴西独特的城市风光。

路易斯大叔收拾妥当后，便带着两个孩子出门了。

"这里便是著名的保利斯塔大街，也是我们今天主要的观光地。这个大街已经有几百年的历史了，它曾是印第

安人的居住地，几百年前，葡萄牙人占领了这里，把它变为葡萄牙的殖民地。从此，葡萄牙人开始对这片土地进行大肆搜刮。巴西有一种非常珍贵的树叫红木，生长缓慢，木纹细密。这种树用途非常广泛，可以做染料，用来染布匹；也可以做木料，制作一些高档的家具和小提琴的弓等。葡萄牙人占领这里后，首先进行的掠夺活动便是大肆砍伐巴西红木。因此，'红木'逐渐成了巴西的国名，中文音译为'巴西'，一直被沿用到了今天。"路易斯大叔向两个孩子介绍着巴西悠久的历史。此时，多多和米娜已被琳琅满目的商品吸引过去了。

不同民族的手工艺品、晶莹剔透的宝石、历史悠久的古董……吸引了无数游客前来，保利斯塔大街仿佛成

了沸腾的海洋。不同肤色的人们聚集在这里，让这个本来就很繁荣的市场更加活跃了。

"路易斯大叔，这里很多人的肤色都不一样，他们是来自不同的国家吗？"米娜一边挑选着漂亮的手工艺品，一边头也不回地询问着路易斯大叔。

"这也正是我准备对你们说的。巴西是一个巨型的民族大熔炉。刚才我跟你们说过，巴西以前曾是印第安人的居住地，后来，欧洲、非洲、亚洲等地的人也陆续来到这里。人种不同，肤色当然也就不同了。现在巴西人口中，有47.7%为白种人，43.1%为混血种人，7.6%

43.1%为混血种人

1.1%为黄种人

5%是第安人

7.6%为黑种人

巴西

47.7%为白种人

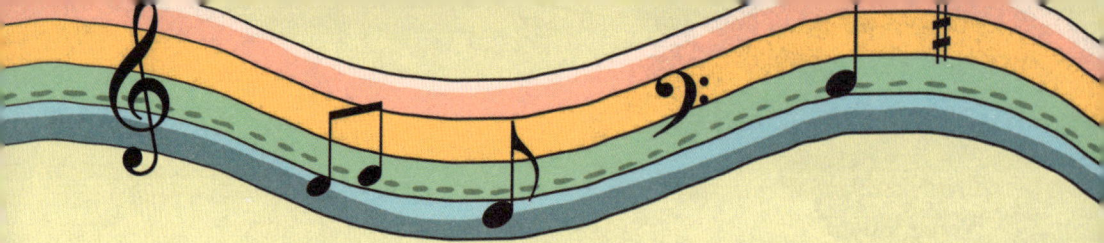

为黑种人，1.1%为黄种人，0.5%是印第安人。不同肤色的人融合在一起就形成了巴西多民族的特征，这也是巴西不同于其他国家的独特之处。这简直就是一个巨大的聚会，你们说是不是这样啊？"路易斯大叔非常耐心地为多多和米娜做了一番讲解。

"巴西的多民族特性相互补充，使巴西在音乐、舞蹈等领域取得了巨大的成就，涌现出一大批优秀的音乐家、舞蹈家。19世纪的作曲家哥梅斯、20世纪的作曲家维拉洛博斯都是有着国际声望的巴西艺术家，他们的创作都得益于多民族文化的融合。不同种族的人在这里相聚，不同地区的文化在这里融合，也让巴西的经济快速崛起。目前，巴西已经成了南美洲最富饶的地方了。"路易斯大叔果然见多识广。

顾不上继续追问，多多和米娜像两匹脱缰的野马冲入人群，挑选自己喜欢的商品。

不同款式的裙子、手链，米娜杂七杂八地买了一堆；喜欢踢足球的多多买了一个漂亮的足球，心里一直想着有机会一定要向巴西的球星学习踢球的技巧；至于路易斯大叔，则买了一些吊床、绳索、小刀之类的东西，为日后的丛林之行做准备。

保利斯塔大街差不多逛完时，路易斯大叔和两个孩子收获颇丰，路易斯大叔和多多帮着米娜拎着大包小包的东西。

　　"米娜，你买这么多东西，是不是想累死我们呀？"大汗淋漓的多多抱怨道。

　　"哈哈，我是可爱的小公主，你们自然要帮我拿东西啦！等我学会了桑巴舞，我跳给你们看，作为报答吧。"米娜又开始憧憬起桑巴舞来，顽皮的多多则在一旁做起了鬼脸。

　　一天的旅程结束了，傍晚的时候，路易斯大叔叮嘱两个孩子一定要好好休息，接下来的旅程将会更加惊险、有趣。

印第安人

　　印第安人是美洲原住民的总称，但不包括因纽特人。如今印第安人的后裔分布在美洲各国，他们的语言形成了印第安语系。从相貌特征来看，他们和蒙古利亚人有着相似之处，因此，印第安人和亚洲人有着深远的历史渊源。印第安社会为部落联盟制度，他们以部落的形式过着公社制度的生活，酋长为部落的最高领导者。目前亚马孙丛林里还生活着不少印第安人，他们在美洲各国的地位都有了明显的改善。

第 2 章

丰富的宝石文化

结束了第一天的旅途，疲惫的多多和米娜美美地睡了一觉。圣保罗的繁华让他们大开眼界，也让他们对后面的旅途更加充满期待。

第二天上午，阳光已经照亮了圣保罗的每个角落。

"多多，米娜，我的小猴子们！我们该出发了，你们准备好了吗？"路易斯大叔早已准备妥当，多多正在房间里玩足球呢，米娜却还是睡眼蒙眬。

"路易斯大叔，今天我们去哪里？我好困呀，我想睡觉。"米娜迷迷糊糊地说着。昨天逛街消耗了她太多的精力。

"哈哈，米娜，还想要五颜六色的美丽宝石吗？今天我们要去的地方，宝石更漂亮，种类更多。那里非常繁华，有更多精美的饰品。当然，如果你实在不想去，我们就不勉强你了，你就在这儿好好休息吧。"路易斯大叔大声地说，一旁的多多调皮地笑了起来。

"什么？是不是公主戴的那种漂亮宝石？我要买很多很多，变成美丽的小公主！路易斯大叔，我马上就起来！"米娜瞬间就有了精神。不到10分钟，她就一切准备就绪，催着路易斯大叔和多多快点儿出发。

他们很快来到了共和广场。广阔的共和广场上雕塑林立，造型迥异，形成一道道独特的风景。晶莹的宝石、精美的饰品和来自世界各地的游客，共同组成了这个繁荣的商业圈。共和广场周边的集市上，贩卖珠宝、古玩、皮货、手工艺品、字画、生活用品的摊位随处可见。

在广场上，多多兴高采烈地玩起了昨天买的足球。路易斯大叔本想仔细研究一下那些造型颇具特色的雕像，结果却被兴奋的米娜拉着去购买宝石和饰品。共和广场中心地区有一个大市场，商品繁多，种类齐全，而且价格非常便宜。特色各异的摊位果然没有让米娜失望，这里不仅有绚

烂夺目的宝石，还有来自巴西南部的上等皮件和具有印第安风格的手工艺品。

"路易斯大叔，这个宝石是紫色的，真是太漂亮啦！"米娜在熙熙攘攘的人群中穿行，品种多样的五彩宝石让她目不暇接。

"路易斯大叔，为什么这里有这么多的宝石，我太喜欢这里啦！"米娜东看看西瞧瞧，仿佛置身于晶莹剔透的宝石世界。

"米娜，这些宝石你都认识吗？你知道巴西的宝石市场为什么

这么繁荣吗？"路易斯大叔看着忙碌热闹的宝石集市，想要考考她。

"蓝色的是蓝宝石，黄色的是黄宝石，绿色的是绿宝石，很简单嘛。"米娜一本正经地分析道。米娜的一番话逗得路易斯大叔哈哈大笑起来。

"米娜，这里宝石的种类有很多，但要认识它们可没有那么简单！你看，五彩多样的是水晶，雪白剔透的叫蛋白石，青翠碧绿的是翡翠……巴西的彩色宝石产量很高，在世界上非常有名，主要有红、绿、蓝、紫、白、黄、黑七大系列，全球一半以上的宝石产于这里。另外，巴西的宝石从设计到切割再到镶工都是在本土完成的，这样就大大降低了成本，所以这里宝石的价格比较低廉，巴西也因此成为世界上首屈一指的珠宝中心。"知识渊

博的路易斯大叔耐心地给她讲解道，米娜似懂非懂地点了点头。

"路易斯大叔，你看这个草编的王冠，我好喜欢呀！"米娜又拿起一顶印第安风格的草编王冠，戴在头上，活像一个土著小公主。

"漂亮的木器、草编的饰物都是印第安风格，由于印第安人是巴西的原住民，所以在巴西可以买到正宗的印第安手工制品。印第安人手工制作的陶器、手工艺品、衣物不仅备受当地人的欢迎，更受到了世界各地游客的青睐。巴西现在还有很多印第安人，他们住在人烟稀少的亚马孙流域，过着传统而快乐的部落生活，过几天我们就去拜访他们，怎么

样？"路易斯大叔拿起一件漂亮的木器，满脸微笑地问米娜。

"太好啦，太好啦，我要看看真正的土著公主！"米娜兴奋地答道。

这时，多多已经玩得筋疲力尽，找到了人群里的路易斯大叔和米娜。

"路易斯大叔，我们什么时候去看足球比赛呀？"多多用充满期待的眼神望着路易斯大叔。

"呵呵，放心，以后的旅途不仅有巴西足球，还有更多好玩的呢。今天你们一定累了，我们回去好好休息，明天继续出发！"路易斯大叔慷慨激昂地说。

就这样，米娜和多多结束了疲惫却快乐的一天。

宝石

宝石属于岩石，广义的宝石包括艳丽的玉石，指较为稀少的矿石或岩石，多用于饰品的制作。狭义的宝石则不包括玉石，有天然合成的诸如钻石之类的名贵品种，也有人工合成的绚丽宝石。宝石文化有着悠久的历史，早期的人类便采集漂亮的石头做装饰，这便是宝石的由来。随着社会的发展，目前世界各地已形成一套工艺精湛、体系完善的宝石鉴别和加工体系，色彩斑斓的宝石也成了现代人生活中的重要部分。

宝石鉴定书

第 3 章

街头足球的魅力

清晨，阳光逐渐洒遍巴西的大街小巷。

转眼间，路易斯大叔一行已经在巴西度过了整整一个星期。繁华的大街小巷让他们大饱眼福，米娜还收集了许多五光十色的宝石，多多则是时刻足球不离身。

"路易斯大叔，今天我们要去哪里呢？"米娜一大早就冲进路易斯大叔的房间里，头上戴着漂亮的草编饰品。

"今天我们去热闹的圣保罗街头看踢足球，一起做多多的拉拉队，怎么样？对了，多多呢，还没有起床吗？"路易斯大叔环顾四周，问道。

"我来啦！我来啦！路易斯大叔，我早就准备好啦。"听到路易斯大叔说踢球，多多箭一般地冲进来。再瞧瞧多多这身打扮——身着漂亮的足球服，脚穿崭新的足球鞋。

"巴西有着悠久的足球文化，巴西足球又被称为'桑巴足球'，是世界上最完美的艺术足球。1914年，巴西足球协会成立，到2010年已经连续19次进入世界杯的决赛圈，取得了举世瞩目的足球成就。足球对于巴西人而言，不仅仅是一项体育运动，更是一笔宝贵的文化遗产。

每当有足球比赛，巴西人往往会全家观看比赛，甚至出现万人空巷的情况。赛场内外人山人海，可见巴西人个个都是球迷！"路易斯大叔在路途中向满脸兴奋的多多做了一番介绍。多多听了，恨不得马上见到鼎鼎大名的巴西足球明星们。

"桑巴足球？踢足球也能跳舞吗？真是太神奇啦！"满脸迷惑的米娜不解地看着路易斯大叔。

"哈哈，米娜，足球和桑巴舞都是巴西的象征。巴西足球融入了桑巴舞的元素，那些优秀的足球运动员能够将踢球技术演绎得精彩绝伦，所以巴西足球既是一项体育活动，又含有一些艺术的成分。孩子们，我们快去领略一下巴西足球的魅力吧！"

路易斯大叔带着孩子们来到繁华的街道，街头巷尾的空地上随处可见踢足球的孩子们，他们快乐

地喊叫着、奔跑着。虽然没有专门的足球场地，但这丝毫没有影响到孩子们对足球的热爱。无处不在的足球让他们练就了娴熟的球技，无论是盘带还是过人，巴西的孩子们都运用自如，让一旁观看的多多赞叹不已。

"路易斯大叔，他们的足球踢得真好，但为什么有的孩子不穿球鞋呢？难道这样能更好地控制足球吗？"多多一本正经地问道。

"巴西人常说，'宁可没有球鞋，也不能没有足球'。巴西的足球文化起源于街头巷尾，即使买不起足球鞋，也要享受足球带来的欢乐。无论是来自繁华的社区还是简陋的贫民窟，孩子们都在平等地享受着足球这项运动。著名的球王贝利、球星罗纳尔多都在街头踢过球，街头足球承载了他们的美好童年，同时，巴西足球里有着桑巴舞的自由、激情和狂欢，'街头足球'是巴西艺术足球的源泉。每到周末，巴西都会进

行交通管制，留出大量的空地供孩子们踢球，让他们在这里尽情地奔跑，因此巴西的许多地方也成了'街头足球'的天堂。多多，去踢吧，我们是你的拉拉队！"路易斯大叔鼓励着多多。

对足球痴迷不已的多多拿出自己漂亮的足球跑到一群孩子中，很多孩子都被多多漂亮的足球吸引过来，纷纷要求多多和他们一起踢球。就这样，多多加入到热火朝天的足球竞技中。虽然多多的足球技术没有巴西孩子的娴熟，但他依旧踢得兴高采烈。

时间过得飞快，转眼间到了傍晚，天空渐渐灰暗了下来。小伙伴

们都陆续地离开了，筋疲力尽的多多恋恋不舍地和他们道了别，跟着路易斯大叔和米娜回到了旅馆。

"真是太开心啦，巴西的孩子们这么喜欢足球，以后一定都是足球巨星。"临近睡觉，多多依旧沉浸在白天的球赛中。

"巴西人享受足球，多多，今天你不仅学到了足球运动的技巧，也体会到了和伙伴配合的重要性，这也是足球运动中最重要的。对于优秀的足球运动员来说，娴熟的球技和良好的团队配合是缺一不可的，这就是巴西足球的精髓所在！好啦，多多，米娜，你们都早点休息吧，明天的旅程还等着我们呢！"

今晚，疲惫的多多睡得格外香甜。

第 4 章

足球场的视觉盛宴

　　虽然领略了巴西的街头足球文化，但多多依旧不尽兴，街头足球只是巴西足球的冰山一角，因此路易斯大叔决定带着孩子们前往巴西足球的象征——著名的马拉卡纳足球场。

　　"路易斯大叔，马拉卡纳足球场是不是一个叫马拉卡纳的人建造的？"在前往球场的路上，米娜好奇地问道。

　　"哈哈，可爱的米娜，这个足球场是为了迎接在巴西主办的足球世界杯比赛而建成的。球场原来叫作'里约市政足球场'，后来为了

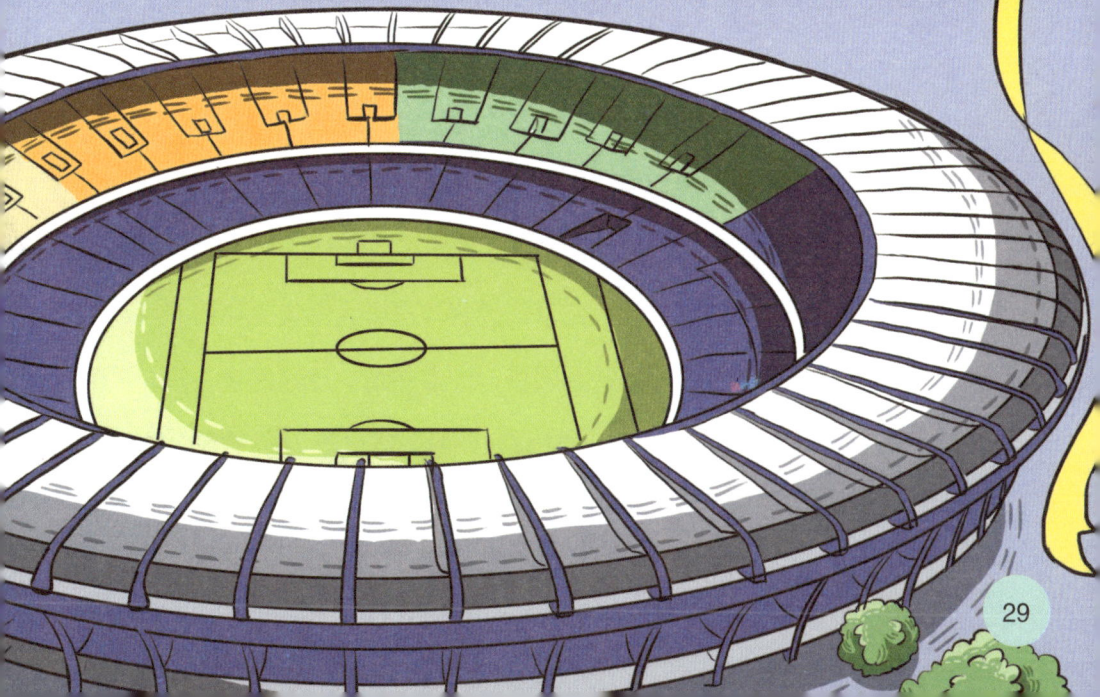

纪念贡献卓越的小马里奥，被更名为'小马里奥足球场'，随后又被巴西人称为'马拉卡纳足球场'。马拉卡纳是足球场附近的一条人工河的名字，因此马拉卡纳足球场称得上是巴西足球的象征。"路易斯大叔这样为米娜讲解道。一旁的多多则兴奋地看着车窗外的风景。

　　"快看！路易斯大叔，那个建筑就像一顶圆圆的帽子，在阳光下还闪闪发光，真是太有趣啦！"多多不禁叫喊起来。

　　"多多，那里便是我们要去的马拉卡纳足球场。小猴子们，准备下车吧。"此时的路易斯大叔好像也变得格外兴奋。

　　站在马拉卡纳足球场前面，路易斯大叔等三个人都被宏伟的椭圆足球场深深地震撼了。足球场造型宏伟，许多热情的球迷来来往往。足球场内更是人声鼎沸，貌似正在进行激烈的足球比赛。

　　"路易斯大叔，是不是正在进行足球比赛？你带我们进去看看

吧，一定能看到巴西的足球明星！"多多
充满期待地看着路易斯大叔。

　　"真是'来得早不如来得巧'，今天我们
正好赶上巴西俱乐部的比赛。据相关统计显示：巴
西国家队在马拉卡纳足球场比赛时，有时一场比赛，入场的球迷高达
17万之多。巴西人就是这么爱看足球比赛，因此今天的巴西俱乐部比
赛也一定热闹非凡，我们进去看看吧。"路易斯大叔对足球比赛也非
常期待，米娜早就被那些穿着十分华丽的球迷们吸引了，想要进入足
球场一睹为快。

　　三个人买了门票，来到马拉卡纳球场入口处。

　　"你们快看，这里有好多脚印呀！路易斯大叔，是
不是地面不结实，否则为什么会有一个个的脚印呢？"机

灵的米娜一眼便看到了大厅地面上的脚印，拉着路易斯大叔和多多前去查看。

"真是奇怪呀，难道巴西人要收集大家的脚印吗？我也想印上去。"多多用自己的脚在地上比画了几下，地上的脚印可比他的大多了。

"这些脚印的来头可大了！"路易斯大叔故意加重了口气，缓缓地讲解道，"在马拉卡纳足球场50年庆典时，巴西工匠把很多球星的脚印雕在了大厅的地上，他们就是'马尔卡纳40大球星'。孩子们，可不要小看这些脚印，除了贝利、罗纳尔多、贝肯鲍尔等这些国际足球巨星的脚印外，还有巴西女足头号球星玛塔的，她是在这里留下脚印的唯一的女性球员，由此可以看出，这些脚印是多么珍贵呀！"

"我们还是赶紧去看比赛吧，要不一会儿都结束啦！"兴奋的米

娜在一旁催促道，赛场里的叫喊声不时地传了出来。

路易斯大叔一行三人跟随着热情的球迷一起拥入足球场。巨大的马拉卡纳足球场热闹非凡，仿佛一片欢腾的海洋。这里能够容纳20万人。空旷的草坪上，球员们正在展开激烈的角逐，坐在看台上，就能够对球场上激烈的对抗一览无遗。穿着个性的球迷们有的喊着口号，有的敲着彩鼓争相为自己支持的球队加油助威。那些身穿民族服饰的球迷，更为足球场增添了一道独特的风景，巴西的多民族性在这里表现得淋漓尽致。

"桑巴舞，有人在跳桑巴舞！"米娜指着足球场的某处大声地叫喊着。

只见广阔的足球场边缘空地上，穿着艳丽的巴西桑巴女郎们激情四射，跳起了热情

似火的巴西传统桑巴舞，将整个足球场的气氛
推向了高潮。她们动作敏捷有力，将桑巴舞的
热情诠释得淋漓尽致，让米娜看得如痴如醉。

"米娜，以后你也会成为桑巴公主的！"
路易斯大叔微笑地说道。

就这样，路易斯大叔和孩子们观看了一场
精彩十足的足球比赛，巴西浓郁的足球氛围也
深深地感染了他们。明天的旅途上还会有哪些
精彩呢？请大家拭目以待吧！

桑巴舞

　　桑巴舞源自炎热的非洲大地，有上万人集体演绎的群众性桑巴，也有极具观赏性的表演性桑巴。除了桑巴舞舞台，大街小巷、空旷广场也多是桑巴舞表演者的演出场所。桑巴舞表演中，高亢有力的鼓声高潮迭起，舞者们尽情舞动自己的身躯，灵活有力。男舞者注重舞姿的灵活度，往往快速地移动双脚，让人眼花缭乱；女舞者则更注重结合腹部和臀部的摆动，让人目不暇接，从而营造出热情似火的表演气氛。

第5章

探访神秘的东方街

多多和米娜站在路易斯大叔身边，商量着他们接下来的行程安排。

"路易斯大叔，我们今天去哪儿玩呢？"米娜忍不住问道。

"米娜，想念你的家乡中国了吗？漂亮的中式建筑，友善的中国人，美味的中国菜……"路易斯大叔面带微笑问米娜，这不禁勾起了米娜对中国的回忆。

"那是当然啦，我从出生后就一直在中国生活。路易斯大叔，你为什么突然问这个问题呢，难道我们要去中国吗？"米娜好奇地看着路易斯大叔。

"米娜，今天我们要去的地方你一定喜欢。孩子们，准备出发吧。"路易斯大叔走出旅馆，多多和米娜紧随其后。两个孩子心里都纳闷着：今天要去哪里呢？又和中国有着什么关系呢？

原来，离圣保罗市中心不远的地方有一条长约3000米的步行街，路易斯大叔正是要带他们前往那里去参观。远远望去，这条街平淡无奇，直到置身街道之中才发现其独特之处：写有中文、日文、韩文的招牌随处可见，这里仿佛成了东方人的聚集地。原来

这里便是大名鼎鼎的巴西东方街。米娜所熟悉的东方面孔在这里随处可见。

"天呀，我突然有一种又回到中国的感觉，这里的好多招牌我都认识！"米娜高兴地欢呼了起来。看着熟悉的"中华饭庄""中式快餐"等招牌，她顿时倍感亲切，仿佛置身于美丽的家乡。

"路易斯大叔，为什么这里有这么多东方国家的招牌呢？"多多好奇地望着路易斯大叔。米娜也是迷惑不已，看样子她也正想问这个问题呢。

"我们现在所在的

RESTAURANTE
中国餐馆

这条街道叫做东方街，它原来的名字叫作日本街，是巴西重要的旅游景点之一。日本人最先来到这里，随后中国人、韩国人也陆续来到这里，因此这条街道形成了鲜明的东方文化氛围。随着越来越多的东方人来到这里，东方街就成了中国、日本等亚洲人在巴西的聚集地。"在路易斯大叔讲解的过程中，米娜早就情不自禁地四处观看了。

东方街绵延几千米，布满了鳞次栉比的店铺。这里既有中国风格的牌坊，也有日本风格的街灯，果然是东方文化的交汇之地。同时，这里也是东方游客在巴西游玩的必到之地。

"东方街是日本人最先建立的，巴西和日本的关系一定很好吧？"直到这时，米娜才将眼光收回，向路易斯大叔问道。

"当然啦，日本是巴西在亚太地区经济的着眼点，日本在巴西的直接投资也是非常多的，因此日本对巴西的重要意义仅次于美国和德国。日本也是巴西在亚洲主要的商业伙伴和原材料供应商，这也是巴西有着数量众多的日本人的原因。"路易斯大叔看着频繁出现的日式餐厅，耐心地为两个孩子讲解。

"路易斯大叔，巴西聚集着来自世界各地的人，巴西和世界各国一定都非常友好吧？"多多联想到巴西数量众多的外国人，得出了这个结论。

"是的，巴西始终和世界各国保持着良好的关系。巴西优先发展其与美国的关系，和美国在政治、贸易等方面开展了广泛的合作。因此美国成为巴西最

美国

贸易、政治

巴西

石油

中东

天的投资国，贸易总额高达百亿美元。同时巴西和西欧也是传统友邦，西欧是巴西主要的出口市场和资金、技术来源地。另外，巴西和中东的关系也十分密切，中东是巴西主要的石油来源地。"听了路易斯大叔的讲解，米娜和多多不禁为巴西的外交实力所叹服。

在东方街的繁华地带，三个人看到了大量中国、日本等国的工艺品，有米娜喜欢的中国娃娃，也有多多喜欢的东洋武士刀。商品琳琅满目，让人目不暇接。

最让米娜兴奋的还是一家中式饭馆。大大的中国红灯笼漂亮极了，古色古香的中国风格深深地吸引了她。身穿华美旗袍的服务员也非常有礼貌地对三个人的到来表示欢迎。

"快来，快来，这是家中国饭店，我们就在这里吃饭吧，我已经好久没有吃到家乡的美食啦！"米娜高兴地叫嚷着。

中国水饺

"太好啦，我肚子早就饿了，让我们在这里大吃一顿吧！"看来多多是真的饿了，他迫不及待地走了进去。

进入洋溢着浓郁中国风的餐馆，三个人立即被古色古香的中式家具吸引住了，穿着旗袍的服务员款款走来，询问他们需要点什么。

"我要一份牛排，还有热狗和可乐……"多多早就饿了，赶紧点起菜来。

服务员面露难色，中式餐馆的菜品主要是鲁菜、川菜等中国传统菜系的菜品，并没有牛排、热狗等西式食品，可见多多对中式餐馆真是一点儿都不了解。

"多多，中式餐馆最拿手的当然是中餐，其中，饺子可是名扬天下。你吃过美味的中国饺子吗？"米娜赶忙阻止多多，并询问道。

"听说过，但没有吃过。饺子是什么样的呀？味道和牛排一样

日本水饺 → 朝鲜水饺

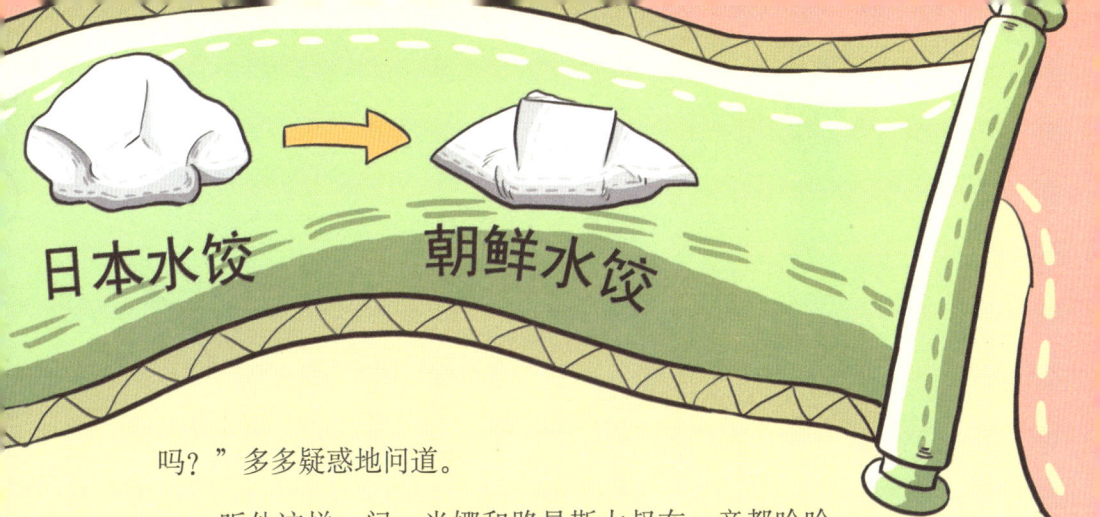

吗？"多多疑惑地问道。

听他这样一问，米娜和路易斯大叔在一旁都哈哈大笑起来。

"饺子源于中国古代的角子，原来的名字是'娇耳'，是中国医圣张仲景发明的。其最开始是用于医疗，用面皮包上祛寒的药物，来避免病人耳朵上生冻疮，距今已有1800多年了。后来，它逐渐演变成中国汉族的传统特色美食——水饺。目前中国的饺子在世界各地备受好评，不仅中国人爱吃，很多外国朋友对饺子也是赞不绝口，饺子已成为中式饮食的象征。现在还衍生出日本饺子、朝鲜饺子等多个品种。"听了路易斯大叔的一番介绍，多

多总算对饺子有了一点儿概念。

　　耐心地等了一会儿，成盘的水饺终于端了上来。路易斯大叔笨手笨脚地拿着筷子，千方百计把饺子送到自己嘴巴里。最有趣的还是顽皮的多多，他看着筷子，有点不知所措，无奈的他只好用筷子把饺子叉起来，这样才能送到嘴巴里。

　　"筷子真是麻烦呀，我们一直使用的刀叉就简单多了。路易斯大叔，是不是只有中国人才使用这么麻烦的筷子呀？"多多试了几次，但还是不能顺利地夹起饺子。

　　"多多，并不是只有中国人才使用筷子。但说起这神奇的筷子，中国人使用它大约有3000年的历史啦！筷子

中国筷子

日本筷子

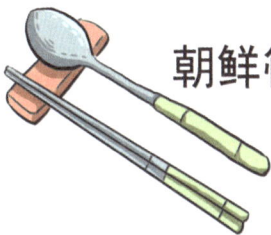
朝鲜筷子

是中国人传统的饮食工具。而如今，使用筷子的已经不仅仅是中国人了，日本人、韩国人等也都经常使用筷子。中国使用的筷子多是竹子制成的，头是圆的尾是方的；而日本使用的筷子较短，头是尖的尾是粗的；最有趣的要属韩国，韩国使用的筷子多是金属制成的，因为韩国人很喜欢吃烧烤。"路易斯大叔果真见多识广。

"哈哈，真有趣，看来韩国人也和巴西人一样，都喜欢吃烤制的食物。"多多兴致勃勃地说道。

能够在异国吃到家乡的饺子，米娜非常开心。多多吃了几个饺子后，也开始喜欢上这种中国的食品。

吃完了美味的中国饺子，路易斯大叔和孩子们又开始了探索巴西的旅程。

第6章

银白色的丛林丝带

天刚微亮，路易斯大叔就开始准备出发的装备了：雨伞、小刀、绳索等工具，矿泉水、面包等食物。多多和米娜都一副没有睡醒的样子，他们看着路易斯大叔忙碌的身影，不知道今天要去哪里旅行。

"路易斯大叔，你怎么还带上雨伞，难道今天要下雨吗？"米娜好奇地问。

"我们这次旅行会用得上雨伞的。孩子们，你们快去准备好自己的背包，带上你们需要的装备和食物，开始我们的神奇之旅吧！"路易斯大叔提醒道。

听说要开始神奇的旅途，多多和米娜都立刻来了精神，飞速冲回自己的房间准备起来。他们也都带上了便捷的折叠伞，但心里还是存着疑惑：难道我们去的地方会下很大的雨吗？

一切准备就绪，路易斯大叔背着大大的旅行包，多多和米娜也背上自己的装备，一行人前往机场坐上了飞机。

很快，飞机再次飞到了那片翠绿土地的上空。

"路易斯大叔，你快看，那不是茂密的巴西丛林吗？丛林之间还有

一条银白色的丝带，真是太美啦！我们这是要到丛林里去吗？"透过飞机的窗户，整个巴西丛林一览无余，细心的米娜还发现了贯穿丛林的"白色丝带"。

　　"米娜，这条'银白色的丝带'便是大名鼎鼎的伊瓜苏河，它的源头在马尔山脉，全长超过1300千米，穿梭在丛林之间，向西流经巴西高原，沿途接纳了数十条大大小小的河流，在阿根廷、巴拉圭和巴西三国交界处流入巴拉那河。最让世人瞩目的不是它曲折的身躯，而是世界闻名的伊瓜苏瀑布，这才是巴西旅游的标志性景观。"知识渊博的路易斯大叔为多多和米娜讲解道。

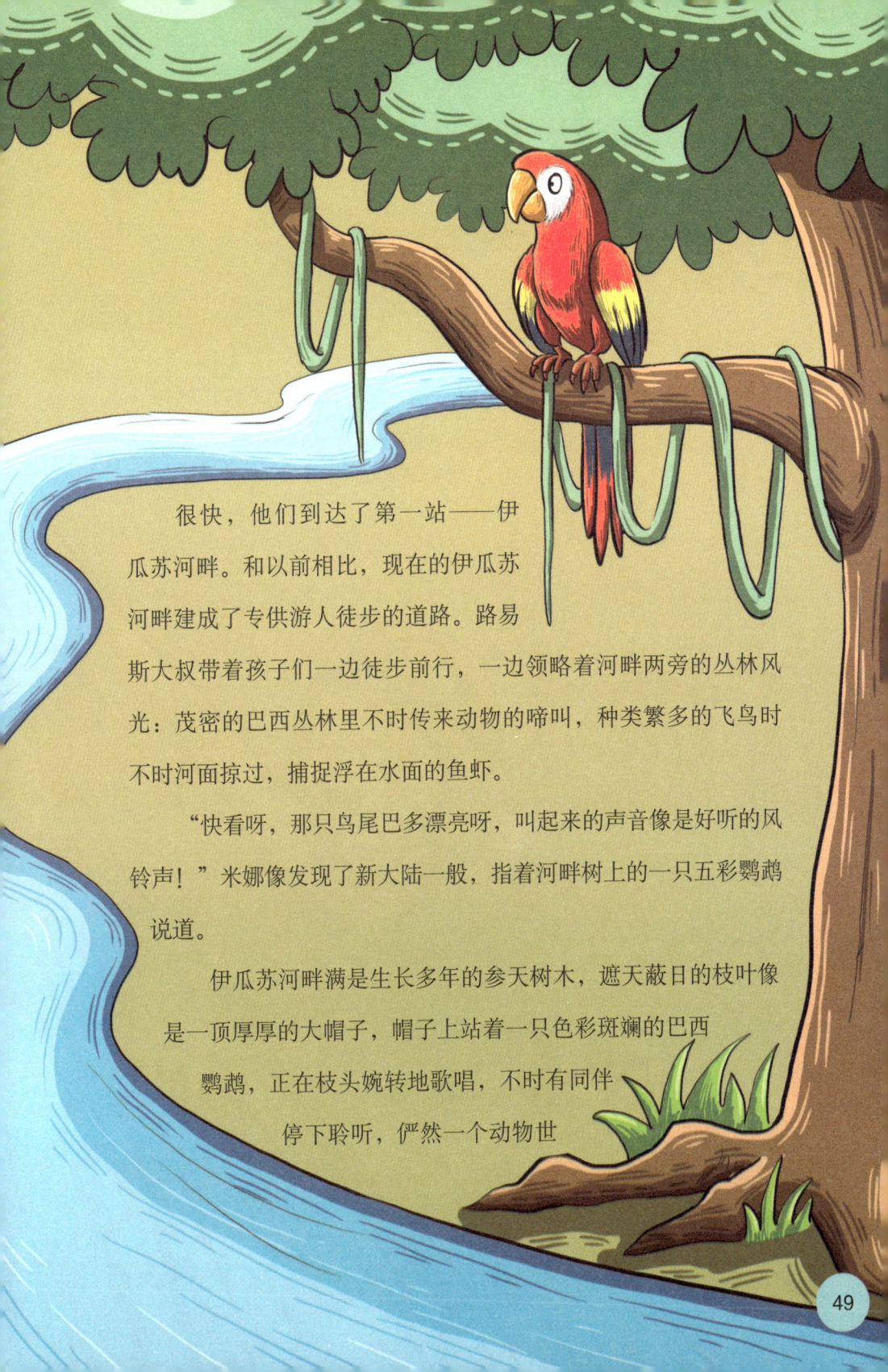

很快，他们到达了第一站——伊瓜苏河畔。和以前相比，现在的伊瓜苏河畔建成了专供游人徒步的道路。路易斯大叔带着孩子们一边徒步前行，一边领略着河畔两旁的丛林风光：茂密的巴西丛林里不时传来动物的啼叫，种类繁多的飞鸟时不时河面掠过，捕捉浮在水面的鱼虾。

"快看呀，那只鸟尾巴多漂亮呀，叫起来的声音像是好听的风铃声！"米娜像发现了新大陆一般，指着河畔树上的一只五彩鹦鹉说道。

伊瓜苏河畔满是生长多年的参天树木，遮天蔽日的枝叶像是一顶厚厚的大帽子，帽子上站着一只色彩斑斓的巴西鹦鹉，正在枝头婉转地歌唱，不时有同伴停下聆听，俨然一个动物世界的歌唱家。

　　"米娜，这么漂亮的鸟儿，看我爬上这棵树，把它抓下来送给你。"说着，调皮的多多开始爬树，巨大的树干像是一根大柱子，无奈多多的双手总是抓不住滑溜溜的树干，一次一次地滑下来。

　　"多可爱的小鸟，多多你不要欺负它。"米娜噘起了小嘴，着急地看着路易斯大叔。

　　"多多，巴西丛林虽然有着数量众多的野生动物，但近年来由于人类的不断破坏和过度开发，丛林的面积不断地减

少，野生动物的家园遭受了灭顶之灾，因此我们应当从我做起，和动物们和谐相处，这样才能保护好我们共同的生态环境。"路易斯大叔满脸严肃地对多多说道。

尝试了许多次也没有成功的多多再一次重重地摔在了地上。听了路易斯大叔的话，他终于认识到了自己的错误，惭愧地抓了抓头。

美丽的巴西鹦鹉继续在树上唱着动听的歌曲，路易斯大叔则带着多多、米娜沿着丛林密布的伊瓜苏河畔继续前行。他们在途中还会经历哪些神奇、有趣的探险呢？请大家拭目以待吧。

保护生态环境
人人有责

第7章

巴西之吻和蜘蛛猿

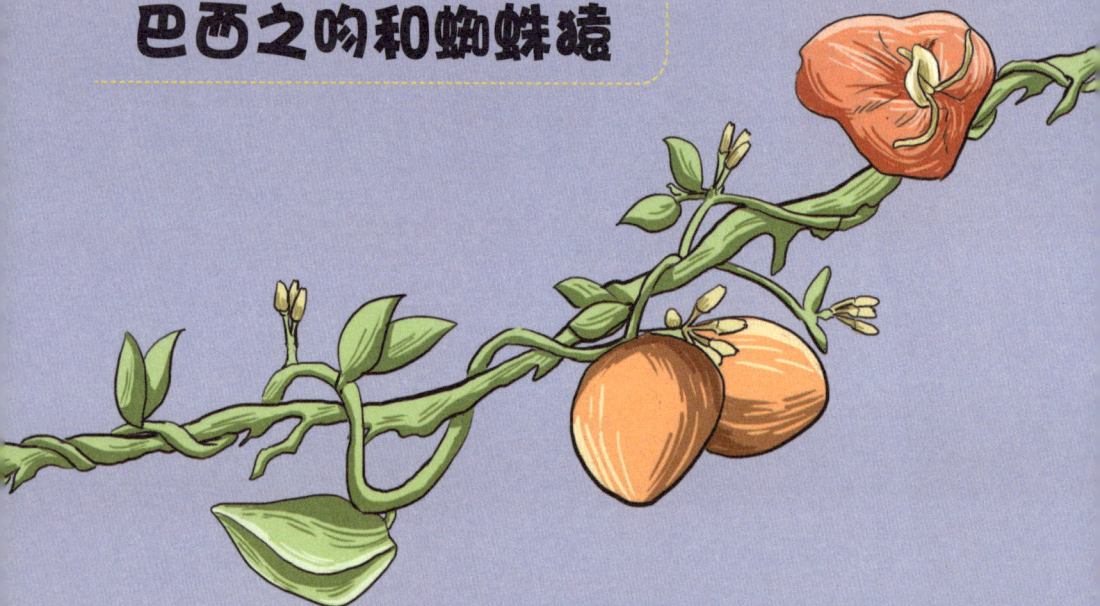

虽然徒步之旅比较劳累，但伊瓜苏河畔的自然风光也让米娜和多多大开眼界。他们还是第一次这么近距离地接触、体验大自然的鸟语花香。无论是河畔的奇花异草，还是河流中穿梭的鱼儿，都成了两个孩子讨论的话题。

"路易斯大叔，这是什么植物呀？不仅有着鼓鼓的果实，还点缀着点点的小红花。尤其是它的果实，像一个个可爱的小娃娃，真是太奇怪啦！"米娜凑到一株植物面前，专心地打量起来。

"哈哈，真有意思，确实像个娃娃！我觉得它应该叫娃娃花，这些果实就叫娃娃果呗！”一旁的多多仔细地端详了一番，嬉皮笑脸地对米娜说道。

米娜在大树旁发现的这株植物的确很奇怪，弯弯曲曲的藤条紧紧地缠在树干上，肥大的叶片下挂满了大大小小的果实，像是母亲呵护着自己幼小的孩子。

“呵呵，孩子们，这种植物便是鼎鼎大名的'巴西之吻'，又叫爱元果或玉荷包，是多年生蔓性草本植物，同一家族的植物多达70多种呢。虽然它是巴西当地较为特殊的品种，但它的原产地却并非是巴西，而是遥远的东南亚。”路易斯大叔仔细地打量着这株植物，缓缓地说道。

"'巴西之吻'，多有意思的名字
呀！这些大大的、鼓鼓的果实一定鲜美可口
吧？路易斯大叔，我们要不要尝一尝？"米娜用手抚摸着胖胖的果
实，充满期待地望着路易斯大叔。

　　"可爱的米娜，这些胖胖的囊状物可不是它的果实，更不能吃
啦！这些是'巴西之吻'改变形态的叶子，主要功能是为整个植物储
存水分。"

　　路易斯大叔微笑着拨开鼓鼓的囊状物，又指着这株
植物长长的细茎部分，说道："其实这才是'巴西之
吻'真正的果实，名叫葖葖（gū tū）果，里面包裹着
很多披着皮毛的种子。"

"哈哈，太有意思啦！原来巴西还有这样奇怪的植物，我回去就告诉我的那些朋友，让他们也来巴西参观参观。"多多兴奋地望着"巴西之吻"，情不自禁地说道。

"孩子们，走了这么久，累坏了吧，我们就在前面的树荫下开始野餐吧！"路易斯大叔指着前面的树荫，对多多和米娜说道。

多多和米娜早已饥肠辘辘，听说要开始准备野餐，赶紧跑到前面，热火朝天地忙活了起来。桌布、刀叉、罐头、面包、烤肉、纸巾……路易斯大叔的背包真是个百宝箱，野餐所需要的东西一应俱全！多多的背包里还有美味的牛肉棒，米娜则拿出了自己最喜欢吃的草莓蛋糕。哇，他们这顿野餐真是丰

富极了!

"啊啊!路易斯大叔,这是什么,我的草莓蛋糕!"米娜惊恐得跳了起来,赶紧躲在路易斯大叔的背后。

路易斯大叔被她的举动吓了一跳,忙冲上去查看,只见一只小巧的、黑漆漆的动物抓着米娜心爱的草莓蛋糕蹿上了树,一只手臂轻松地握住树杈,正津津有味地吃着草莓蛋糕呢!

"路易斯大叔,这是什么动物,像是一只小老鼠,但怎么会爬树呢?"多多也紧张起来,站在路易斯大叔的身边。

"多多,这不是老鼠,而是猿猴。"

"啊，哪有这么小的猿猴？路易斯大叔，你看错了吧？"多多和米娜异口同声地说道。

"没错，这是生活在巴西的蜘蛛猿，只有巴掌大小。别看它个头小，但行动起来相当迅速，而且它还有着出色的学习能力，智力在灵长类动物中排名第三。为了捕捉到蜘蛛猿，人们可是绞尽脑汁，后来终于想到一个绝佳的办法：在一个瓶口很小的玻璃瓶内放一颗花生，蜘蛛猿看到花生便会伸手去取，手握成拳头后就被卡在瓶口拿不出来。而且不管怎样，它们都不肯松手舍掉这颗花生，这样人们便能轻松地捕捉到它们了。"路易斯大叔看着树上的蜘蛛猿，认真地讲解着。

听了路易斯大叔的话，多多和米娜的情绪逐渐平静了。三个人在美丽的伊瓜苏河畔享受了一顿丰盛的野餐，"巴西之吻"和蜘蛛猿的出现让他们的旅途妙趣横生。接下来，等待他们的又会是什么呢？

第8章

刺激的皮艇漂流

　　沿着伊瓜苏河畔继续前行，河道时而宽广，水流平缓；时而狭窄，水流湍急。前方不远的河面上，样式不同的皮艇来回穿梭，皮艇在舵手操作下乘风破浪。远远望去，熙熙攘攘的各地游客聚集在这里，似乎在享受着一场别开生面的狂欢。顽皮的多多最喜欢热闹了，迫不及待地冲在前面，想要一探究竟。

　　"路易斯大叔，河面上胖鼓鼓的小船真有趣，像是一片大大的叶子。"米娜

对河面上的那些小艇产生了浓厚的兴趣，"那些穿着黄衣服的人在玩什么呢？"

"米娜，那些胖鼓鼓的小船叫皮艇，因纽特人使用的独木舟便是它的原型。因纽特人采用鲸鱼皮、水獭皮和骨头架子做成兽皮船，这种小船的浮力非常大，能够在湍急的水流中穿行。虽然现在人们不常使用独木舟，但皮艇作为一项体育运动被保存了下来。还有一种叫划艇，起源于加拿大，也是一种独木舟。这两者合在一起形成了一项体育运动，称作皮划艇。1936年第11届奥运会皮划艇被正式列为奥运会的比赛项目。"路易斯大叔滔滔不绝地讲解道。

"路易斯大叔，比赛用的皮划艇也是兽皮做的吗？船上可以有几个人来划船？"多多疑惑地问。

路易斯大叔哈哈大笑道："真是个聪明的小家伙！现在制造皮划艇的材料很多，木制夹板、胶合板、铝合板、玻璃钢、塑料等等都有。对比赛用的皮划艇的长、宽、重量则有统一的规定。单人艇，长520厘米，宽51厘米，重12千克；双人艇，长650厘米，宽55厘米，重18千克；四人艇，长1100厘米，宽60厘米，重30千克。比赛的赛事也越来越多，除了奥运会皮划艇项目以外，还有世界回旋锦标赛、世界激流锦标赛、世界帆式划艇锦标赛。"多多一边听着一边点着头。

"怎么样？孩子们，想不想体验一下刺激的皮艇漂流？"路易斯大叔对多多和米娜

说道，开始筹划刺激的漂流之旅。

"太好啦，我也要像因纽特人一样，成为优秀的皮艇舵手！"多多听说要划皮艇，高兴地跳了起来。

"多多，你知道吗？现在的皮艇比赛，运动员坐在皮艇内，面向前方，手持的桨两头带桨叶，在皮艇的两侧轮番划动。运动员的脚也不能闲着，控制航向全靠它操纵舵来完成。比赛有单人艇、双人艇、四人艇和障碍回转等项目。"路易斯大叔听多多提到皮艇舵手补充说道。

"路易斯大叔，皮艇是不是很危险呀？我怕掉到河里。"米娜有些担心地说道。

"小米娜，别担心，我可是皮艇的老舵手。现在你们听我指挥，先穿上黄色的救生衣，这样才能保障基本的安全。"路易斯大叔找来三件救生衣，指导孩子们如何使用，虽然米娜不喜欢又大又宽的救生衣，但还是听话地穿在了身上。

路易斯大叔在河口租来一艘皮艇，自己先跳了上去，多多像个小勇士一般紧随其后，米娜则战战兢兢地爬了上去。

“大叔，大叔！皮艇左摇右晃的，是不是要沉到河里去啦？”惊慌的米娜大声地喊叫着。

“米娜别怕，皮艇的底面积很大，完全可以承载我们三个人的重量，但你要先保持身体的平衡，这样皮艇才不会出现大的颠簸。坐好了吗？我的小猴子们，我们的伊瓜苏河漂流之旅即将开始啦！”路易斯大叔手拿着船桨，兴奋地说。

多多兴奋极了，不时地用船桨拍打着水面；米娜则心有顾虑，紧紧地握住皮艇边缘的绳索，顾不得欣赏河道两旁的丛林风光；路易斯大叔一脸轻松地划着水，皮艇轻微地摇晃着，沿着宽广的河道稳步前行。

随着皮艇的前行，米娜紧张的情绪逐渐缓和下来了。河畔两边遮天蔽日的树木根茎粗壮，细长的藤条从树干垂到水

中，像是正在梳洗的巴西少女。多多和米娜地享受着划艇前行的愉悦，但路易斯大叔的表情却渐渐严肃起来。

　　原来前方的河道变窄，水流逐渐地急促了起来。路易斯大叔马上指挥到："孩子们，我们马上要经过湍急的水流，现在你们手拉手，注意力要更加集中，将身体蜷缩在皮艇里，这样能够更好地降低重心。注意要向皮艇中心靠拢，保持身体的相对平稳。"路易斯大叔边说边灵活地滑动船桨，努力控制船头的方向。水流逐渐变得湍急

起来，皮艇开始上下颠簸，多多和米娜开始感觉到了危险。

"路易斯大叔，快看水里，好多大鱼呀！"多多像发现新大陆般

地叫喊着，但叫喊声很快被
轰隆的流水声掩盖。

"孩子们，抓紧啦！"路易斯大
叔一脸严肃，原来流水中露出了很多奇形怪
状的石头，要完全躲开它们可不是一件容易的事情。
皮艇剧烈地摇晃着，水花横飞，米娜和多多身上都被淋湿了，
孩子们的心都提到了嗓子眼儿，他们紧紧地贴着皮艇趴着。

不知过了多久，终于又听到路易斯大叔的声音："呵呵，孩子
们，可以起来啦，湍急的河段已经过去了。记住经过湍急水流时，集
中注意力、稳定的心态都是必不可少的，这都是丛林探险的宝贵经
验，你们都记住了吧？"

"路易斯大叔，您真棒！我以后也要像您一样，成为勇敢的皮艇
舵手！"多多崇拜地望着路易斯大叔说。

"好了，孩子们，我们可以找个地方靠岸啦。"路易斯大叔缓缓

地说道。

"啊，可我们都还没玩够呢！"听说要上岸，孩子们都有点不舍，异口同声地说。

"哈哈，前面便是有'魔鬼之喉'之称的伊瓜苏大瀑布，你们不想被可怕的魔鬼吃掉吧？"说着路易斯大叔缓缓地将皮艇划向岸边。

伊瓜苏大瀑布真的像魔鬼一般吗？我们拭目以待吧！

第9章

瀑布雾幕和七彩彩虹

　　路易斯大叔将皮艇绑在河畔的树干上，多多和米娜也陆续上了岸，将救生衣脱了下来继续前行。

　　"路易斯大叔，皮艇多有趣呀，为什么又要走路，难道前面的瀑布真的有魔鬼吗？"米娜心有不安地问道。

"有没有魔鬼那就需要你们亲自去看了，现在我先给你们介绍一下伊瓜苏大瀑布。它是世界闻名的瀑布，是向北流淌的伊瓜苏河进入峡谷时形成的。伊瓜苏河是阿根廷和巴西的边界河，位于我们前方的高原边缘。从上面望下去，高原边缘奇形怪状的石头将水流分割成无数的水流，形成一个非常壮观的半环形的瀑布群，让我们不得不折服于大自然的鬼斧神工！巨大的水流坠落到狭窄的半圆形裂缝里，如同大海泻入深渊一般壮观，因此被誉为'魔鬼之喉'。"路易斯大叔带着孩子们前行，沿途讲解着前方的伊瓜苏大瀑布。

沿着河畔望去，伊瓜苏河的河道逐渐宽广，远处却传来"轰隆隆"的声音，越是前行这种声音越是震耳欲聋，仿佛巨大的怪兽在仰天长啸。多多满怀兴奋地走在前面，胆怯的米娜则跟随着路易斯大叔，生怕前面的瀑布里真的出现魔鬼。

"路易斯大叔，我们到了前面的瀑布，是不是可以游泳下去呢？"走在前面的多多忽然想到这个问题，回头望着面带微笑的路易斯大叔问道。

"咦，多多，快看，前面有好多人，还有一座长长的桥。"米娜指着河畔前方忽然叫道。

原来壮观的瀑布上方有座桥，穿着各异的游客们在桥上穿行。桥下，水雾蒸腾，波涛汹涌；桥上，游人们悠然自得地欣赏着伊瓜苏大瀑布的壮丽景象。

"呵呵，在瀑布上游是不能游泳的，如果被湍急的水流冲下去那就非常危险。伊瓜苏瀑布位于两国的交界处，目前巴西为此设立了国家公园，以便于更好地服务和管理。我们眼前的这座紧固的桥全长达3000米，游客们在桥上就可以俯视整个瀑布的全貌。现在我们马上要走上长桥了，和巨大的瀑布来一次亲密接触吧！"路易斯大叔兴奋地说道。

"巴西人真是聪明，有了国家公园，看瀑布就方便多啦！"多多不禁感叹道。

"是的，今晚我们就住在巴西的国家公园，与伊瓜苏瀑布共眠！"路易斯大叔笑道。

路易斯大叔带着多多、米娜走上了这座长长的桥，仿佛一下子从地面飞到了空中。此刻他们的脚下便

是水流湍急的伊瓜苏河，来势汹汹的河流进入峡谷后，顺流而下，形成了数百条形态各异的瀑布。

"啊……路易斯大叔，这么多瀑布，我们会不会掉下去？"米娜紧紧地拉着路易斯大叔的手，胆战心惊地问道。

"天呀，我从没见过这么多的瀑布，真是壮观！"多多望着前方水汽弥漫的瀑布群，兴奋地说道。

"多多，你知道这里有多少条瀑布吗？这伊瓜苏河水从长达数千米的河面飞泻下来，被石头和树木分隔为200多条瀑布，雨季每秒最大流量达到12700多立方米，落差高达72米，在30000米外便能听到瀑布群的飞瀑声！"路易斯大叔为孩子们讲解道。

沿着桥前行，三个人愈发接近瀑布群的中心。整个桥身笼罩在朦胧的水汽之中，从瀑布底端徐徐升起浓浓的雾幕，仿佛一个奇妙的童话世界。

　　"哇，简直太美啦！到处是浓浓的水雾，仿佛来到了天堂！我太喜欢这里啦。"米娜被眼前的美景惊呆了。

　　"米娜，快看彩虹！真好看！"多多叫道。远远望去，浓密的雾幕和天空的彩虹相映生辉，仿佛人间仙境，米娜和多多都被美景深深吸引住了。

　　"孩子们，前面便是著名的'魔鬼之喉'，你们的雨伞准备好了吗？"路易斯大叔提醒道。原来巨大的瀑布与石头碰撞会扬起漫天的水花，如果不打雨伞就会湿透衣服。

"路易斯大叔想得真周到，今天我们玩得太开心啦！对了，我们一会儿去哪玩呢？"米娜好奇地望着路易斯大叔。

"我们先在巴西的国家公园过夜，明天还有更精彩的旅程！"

当晚，伴着伊瓜苏瀑布轰隆隆的飞瀑声，三个人进入了甜蜜的梦乡。

第10章

国家公园的奇珍

　　巴西的伊瓜苏国家公园面积约1700平方千米，是世界闻名的瀑布公园。在这里，不仅能够能亲身感受到伊瓜苏瀑布的魅力，更能观赏到巴西的各种奇花异草，真是游玩的最佳选择。

　　一大早，路易斯大叔和孩子们便被公园里悦耳的鸟叫声吵醒了，米娜和多多迫不及待地要求路易斯大叔带着他们出去逛逛。

　　此时，宏伟的伊瓜苏瀑布和昨天相比则是另一番景象。数量众多的鸟儿在水雾间来回穿行，有的忙碌地盘旋着，有的依偎在巨石上鸣

叫着，真是千姿百态，惹人喜爱。

"好美呀，路易斯大叔，这些鸟儿为什么要来回穿越雨幕呢？难道它们在洗澡吗？"米娜望着瀑布边盘旋飞舞的鸟儿，疑惑地望着路易斯大叔。

"米娜，这种可爱的鸟儿叫做雨燕，每天都会有成千上万只雨燕在瀑布上空盘旋俯冲，追逐不同种类的昆虫。知道这些雨燕的巢穴在哪儿吗？你肯定想不到，它们的巢穴就筑在雨幕后的岩壁上，这也是它们需要来回穿过雨幕的原因。它们要用嘴衔着各种

食物，送给岩壁上巢穴里的雏鸟。先要在雨幕后筑巢穴，还要哺育雏燕，玲珑可爱的雨燕多么勤劳，我们也应当向它们学习。"路易斯大叔看着飞着的雨燕，不禁感慨万千。

除了漫天纷飞的雨燕，伊瓜苏瀑布周边更是生机勃勃：成群结队的悬猴在树林间攀爬，色彩斑斓的鸟雀在枝头争鸣，丛林间的勇士——成群的黑吼猴用响亮的啼声彰显着自己的强壮，巴西国家公园已然成为动物们的美丽家园。

路易斯大叔告诉他们，在这个偌大的巴西国家公园里，有着很多珍稀的动植物，可以说它就是一个珍贵的自然博物馆。这里不但有40米高的巨型玫瑰红树，在其树荫下还生长着濒危植物——矮扇棕树。另外还有兰花、翠竹、秋海棠等很多植物，色彩鲜明。这里还生活着很多濒危动

物，如巨型水獭、山鸭等，以及很多当地特有的动物，如南美洲最大的陆地哺乳动物食蚁兽、吼熊、美洲虎猫、美洲豹等。

"世界上还有很多濒临灭绝的动植物，都需要我们人类行动起来，来保护它们。同时也保护我们共同生活的地球家园。"路易斯大叔颇为严肃地讲道。米娜和多多也认识到了保护环境的重要性。

望着原生态的巴西国家公园，路易斯大叔换了个轻松的话题，他给米娜和多多讲了一个故事："巴西的伊瓜苏瀑布还有个凄美的传说：古时候有一位公主非常漂亮，可惜她生了一场怪病，眼睛失明了。后来，有一个部落首领的儿子遇到了这个美丽的公主，深深地爱上了她。这

个王子每天都站在河
岸上，虔诚地向诸神祈祷，
希望他深爱的公主能恢复视力。诸神被他
的诚心感动，于是将大地裂为峡谷，随之而来的滚滚河
水，把他卷进了层层波涛之中，公主因此重见光明，也
有幸成为第一个见到伊瓜苏瀑布的人，但她那英俊的王子却
被河水无情地吞噬了。后来，印第安人便将瀑布称为'伊瓜
苏'，就是'大水'的意思。"

"真是太感人了！英俊的王子一定很爱美丽的公主，只可惜他们最后没有在一起。"米娜被这个故事深深地打动了，并为故事的结局深感惋惜。

"米娜，公主和王子一定化身为忙碌的雨燕，永远守候着美丽的伊瓜苏瀑布。"路易斯大叔安慰着米娜。

巴西国家公园的美丽景色让三个人大开眼界，米娜和多多更是认识到了保护珍稀物种的重要性。接下来，他们的旅途又会怎么样呢？

国家公园

国家公园属于自然保护区，源于美国。美国艺术家乔治·卡特林对生态破坏深感忧虑，率先呼吁政府建设国家公园，对生态加以保护。美国的黄石国家公园随之出现，它也是世界上最早的国家公园。随后各国纷纷效仿，目前世界上已有近10000个国家公园。在国家公园，生态系统的完整性得到了最大程度的保护，同时也有利于政府更科学地利用生态资源，国家公园模式从根本上推动了人类的自然保护进程。

保护我们共同的家园

第11章

你好，亚马孙

　　趣妙横生的伊瓜苏瀑布经历，让米娜和多多彻底爱上了惊险刺激的丛林探险。接下来，路易斯大叔即将带领他们前往著名的亚马孙流域，体验真正意义上的野外探险。

　　一大早，路易斯大叔便开始忙碌地准备着小刀、鱼饵、鱼竿、帐篷、铝锅等旅行工具，米娜则带上了可爱的中国娃娃，多多对即将到

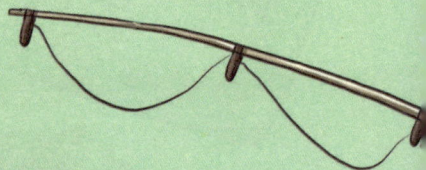

来的旅程更是迫不及待，早早准备好了自己的行囊。

"路易斯大叔，亚马孙流域很好玩吗？是不是也有很多美丽的动物和植物呢？"米娜好奇地问路易斯大叔。

"是的，亚马孙流域不仅有品种多样的珍贵植物，更有数不胜数的飞禽走兽。亚马孙河位于南美洲，是世界上流域最广、流量最大的河流。这里终年雨量充沛，孕育了世界上最大的热带雨林，受到世界各地冒险家们的喜爱。在亚马孙河以及丛林中，生活着大量

珍贵的生物种类，亚马孙流域因此成为世界公认的'生命宝库'，为科学研究提供了宝贵的资源。除此之外，大面积的热带雨林在空气净化方面更是功不可没。随着全世界人们环保意识的增强，目前巴西已经对亚马孙流域进行了全方位的保护，因此我们即将进行的将是原生态的健康之旅。"路易斯大叔说起亚马孙真是滔滔不绝，米娜和多多也希望能够早早体验亚马孙之旅。

就这样，路易斯带着两个孩子踏上了美丽的亚马孙流域，茂密的丛林、蜿蜒的河道都让三个人大饱眼福。沿着亚马孙河畔前行，粉红色的河豚不时地冒出水面，仿佛在和远道而来的朋友打招呼；色彩斑斓的金刚鹦鹉在丛林中穿行，叽叽喳喳地啼叫着；大批上下飞舞的不知名的鸟儿更让游客们喜不自禁。

"孩子们，现在我们便处于亚马孙流域了，虽然这里风景秀

丽，但是危险也会随时来临，我们要时刻小心谨慎。"路易斯大叔提醒孩子们。

"路易斯大叔，走了这么久，肚子都饿了，什么时候能吃饭呀？"多多肚子饿得咕咕叫，带着抱怨的口气说。

"是呀，路易斯大叔，我感觉双腿好像灌了铅一样，也走不动啦。"看到多多吵着要休息，米娜感觉自己也一点儿力气都没有了。

"好吧，那我们就在这里安营扎寨吧。我们先搭上吊床，今晚就在这里过夜了。"说着路易斯大叔便开始忙碌起来。首先他选择了一个相对安全的区域，找到几棵巨大的树木，在树木之间搭上吊床，一会儿工夫，三张舒服、柔软的吊床便搭好了。

"路易斯大叔，为什么要在丛林里睡吊床呢？大大的帐篷多舒服呀！"多多非常不解，询问起忙碌着的路易斯大叔。

　　"多多，在亚马孙丛林里睡觉是非常危险的事情，可能会面临很多的危险。比如巨大的蚂蚁、毒蛇、毒蜘蛛以及数不胜数的各种猛兽的袭击，因此毫无遮拦的吊床反而成了躲避各种危险动物的最佳选择，因为它能够很好地避免地面上的昆虫和走兽伤害到我们。还要注意一定不要将吊床建在亚马孙河边，因为那里有凶猛的鳄鱼，它们可以跳起来攻击我们。现在你明白了吧？"

　　为了安全起见，路易斯大叔还指挥多多在四周挖了一条深沟。

之后，路易斯大叔带着两个孩子来到河边，将诱饵抛到亚马孙河水中，接着便开始讲起了亚马孙河的情况："亚马孙河的鱼类资源相当丰富，已知的鱼类品种就达到2000种，目前还有1000多种鱼类尚未被科学家所确定，因此亚马孙河是世界上最重要的鱼类科研基地之一。最奇妙的是，在黑暗的亚马孙河底还生活着神奇的电鱼等鱼类，也让它成为垂钓者们的理想地点。我们只要耐心等待，就一定会有所收获的。"

　　果然，没多久就听到多多大喊："大叔，大叔！快看，我们的浮漂动了！我们的浮漂动了！"路易斯大叔立马紧紧握住鱼竿，指挥孩子们靠后，用力一提便拉上来一条大鱼。只见这条鱼身体椭圆，却长着锋利的牙齿，上下颚即使咬住鱼钩还是有节奏地一张一合，样子丑陋极了。

多多兴奋地要上去抓鱼，路易斯大叔赶忙制止他说："不要碰它，这可是亚马孙河大名鼎鼎的食人鱼！你看它的牙齿多么锋利，这种食人鱼经常成群结队地攻击猎物，很多渔民因此而送命。凶猛的食人鱼胆量很大，敢与身材比自己大数倍的猎物作战。它们还有自己的一套战术：捕食的时候，食人鱼先是咬住猎物的要害部分，当猎物没有逃生能力的时候，便成群结队地发起总攻，一条接一条地冲上去撕咬，直到将猎物分成数块，因此食人鱼的捕食速度是非常快的。如果你现在走上

前，一定会被它锋利的牙齿咬伤的！"

"那……那我们怎么办呀？多么可怕的鱼呀！"米娜战战兢兢地说道。多多也赶忙退回来，不知所措地看着路易斯大叔。

"不过你们也不要过分担心，食人鱼虽然性情凶猛，但成群结队时才有能力攻击猎物。如果按照我的方法去做，我们还是能够对付的。何况它的肉质非常鲜美，可以做成美味的烤鱼。我们今天可有口福啦！"看着孩子们害怕的样子，路易斯大叔赶忙安慰道。

只见路易斯大叔首先用石头将食人鱼打昏，之后找来几根树枝，小心翼翼地撑起鱼的

嘴巴，顺利拿出了鱼钩，然后将食人鱼装到牢固的袋子里。

　　没用多长时间，路易斯大叔便钓到了满满一袋子的鱼，看来可以制作美味的烤鱼大餐了。路易斯大叔带着米娜和多多回到了临时营地，开始四处收集树枝生火。很快，他们便吃到了美味的烤鱼和鲜美的鱼汤。这可是原汁原味的巴西丛林美味！

　　就这样，路易斯大叔和两个孩子在亚马孙丛林度过了第一个夜晚。在大大的吊床上，他们可以清晰地看到浩渺的苍穹，繁星点缀其中，陪伴着他们进入梦乡。在广袤的巴西热带雨林中，三个人还会经历怎样有趣而又惊险的旅途呢？

第 12 章

友善的印第安人

　　清晨的第一缕阳光轻轻地拨开了丛林上方的雾气，活泼的鸟儿早已在枝头鸣叫。

　　"唔……唔……唔……"丛林里充斥着奇怪的声音，惊醒了沉睡中的路易斯大叔。他惊奇地发现离营地不远处的丛林中聚集着很多印第安人，他们的身体大部分裸露着，还戴着奇形怪状的装饰品。这时米娜和多多也都醒了，望着丛林中神秘的身影吓得说不出话来。

路易斯大叔小心翼翼地观察着营地周围，突然大吃一惊：营地的不远处竟然有一条粗大的蟒蛇！不过好像已经死了，背上还插着一根长矛。

"路……路易斯大叔，他们想……想要……干什么？我……好害怕！"米娜害怕得瑟瑟发抖。多多紧紧地抱住自己的背包，缩在吊床上一动不动。

"孩子们，你们快看那边的那条死蛇，那便是亚马孙森蚺，是世界上最大的蛇类，是蚺类的成员。森蚺比较喜欢潮湿的环境，通常会待在河岸，捕捉鸟类等动物，有时甚至敢吞吃鳄鱼。它们吞吃鳄鱼有着自己的一套方法，首先会紧紧地缠绕鳄鱼，直到它窒息而

亡。然后再将鳄鱼整个吞到肚子里，这样它们就可以几个星期不用再去寻找食物。这条死蛇就在我们营地的不远处，看来是准备攻击我们的，真是有惊无险呀！多亏了这些印第安朋友，应该是他们救了我们。"看到巨大的死蛇背上的长矛，路易斯大叔向丛林里的那些人挥了挥手。

"路易斯大叔，难道真是他们救了我们？他们是谁？"多多愈发地好奇起来。

"他们是巴西的土著民族，就是我们常说的印第安人。他们非常好客，有着正直、朴实、勇敢等多种优秀的品格，目前也是亚马孙流域的主要居住者。为了能够在生活条件恶劣的雨林中生存下去，他们英勇地和各种野兽搏斗，使用动物的皮毛做成衣服，与大自然和谐相处着。昨晚正是他们用长矛射杀了森蚺，既然我们现在安然无恙，想必他们没有恶意。"路易斯大叔下了吊床，走到那条死蛇跟前，拔出了蛇身上的长矛，又对着丛林的印第安人友善地笑了笑。

印第安人陆续从丛林里走出来，慢慢打量着三个

人。路易斯大叔略懂几句印第安语，简单地交流过后，紧张的气氛渐渐缓和了下来。

"他们说这里太危险了，准备邀请我们去部落做客。"路易斯大叔笑着告诉孩子们。

"真的？太好啦！我还没有去过印第安人的部落呢！"米娜开心地叫了起来。

好客的印第安人也表现得很高兴。三个人收拾了自己的包裹，和印第安人来到了河边，此时河边多出了几条独木舟。

"这些五颜六色的小船真好看，像是水面上漂浮的叶子。"米娜望着满是斑纹的独木舟赞叹道。

"它们便是丛林中印第安人主要的水运工具——独木舟。印第安人使用树皮、树干制作独木舟，他们将树干的中心挖空，慢慢磨成船的形状。别看独木舟比较单薄，其实能够加工成独木舟的树木必须非常粗壮结实，然后依照树木的大小决定独木舟的船型。一般的独木舟最多可容纳5个人，独木舟底面积较大，航行起来也很平稳。"路易斯望着独木舟，详细地为孩子们讲解道。

　　坐上了灵巧的独木舟，三个人开始了他们愉快的航行。他们将要去哪里？还会有怎样的经历呢？

第13章

亚马孙的原住民

印第安人将那条森蚺也抬上了独木舟，舵手熟练地撑着长杆，几艘独木舟穿过河岸密密麻麻的水藤丛，驶向了丛林的深处。经过一个小时的漂泊后，首先映入他们眼帘的是简陋的木头码头，手拿长矛的印第安人引导三个人上了岸，继续向部落进发。

在徒步的路上，他们见到了忙碌的印第安人，一些印第安男人在砍伐树木，搬运着粗壮的木材；还有一些印第安女人则用刀割破树皮，接满一盆盆乳白色的液体。

米娜对淌着乳白色液体的树木产生了兴趣，问道："路易斯大叔，这些流着白色液体的大树真奇怪，能够流出一盆盆的白浆，那是什么树呀？"

　　"米娜，丛林中的印第安人称这种树为'木牛'，我们则称之为'牛奶树'。这种树木的皮比较光滑，小小的果实是不能吃的，但只要用刀子把树皮切开，便会有乳白色的液体流出。这些液体在色香味上和牛奶都很相似，印第安人经常食用这种'牛奶'。每棵牛奶树能够

流出3～4升的'牛奶'。它们真是丛林对人类的恩赐呀！"路易斯大叔感叹道。

"真是太神奇了！那这些牛奶树受了伤，会不会死掉呢？"多多担心地问。

"不会的，虽然印第安人经常割开树皮取食'牛奶'，但牛奶树有着旺盛的生命力，伤口也能迅速地愈合，因此树木不会受到太大的损伤。牛奶树能为印第安人提供源源不断的'牛奶'，人们把这些'牛奶'加工成不同的食物，它们是印第安人重要的能量来源。"

印第安人带着他们继续前行，很快便来到了丛林的腹地——

印第安部落。在这里，路易斯大叔和孩子们真是大开眼界：棕色皮肤、黑色头发的印第安人在这里到处都是！他们大多光着脚，身上围着麻制或者草制的"衣服"，年轻女性则用简单的"草帘"遮在胸前，年轻的男人们头上插着羽毛，手持长矛和猎刀，警惕地望着三个外来人。

路易斯大叔博学多闻，用简单的印第安语向酋长介绍了自己一行人的身份。酋长对他们的到来表示非常欢迎。酋长手持类似石榴的果子，将橘红色的汁液涂抹在米娜和多多的双颊上。接着，成群结队的印第安人有的敲着木鼓，有的吹着乐器，跳起了热情似火的当地舞蹈，显然是在欢迎他们的到来。米娜和多多还是第一次近距离接触印第安人，看着这些衣着独特的朋友，他们既惊奇又害怕。

热情的印第安人拉着路易斯大叔、米娜和多多，围成一个大大的圆圈，这也是欢迎仪式的一部分。随着夜幕降临，印第安部落燃起了熊熊

的篝火。大家围着篝火准备着丰盛的晚餐。路易斯大叔和酋长友善地交谈起来，米娜、多多则和热情的印第安孩子们玩起了游戏。

路易斯大叔详细地询问酋长关于部落的情况，酋长介绍说："我们部落所在的地方物产丰盈，土壤肥沃，我们已经有十几代人都在这里生活了。在这片广大的亚马孙流域还生活着上千个印第安部落，比如我们的友邦——科卡马族、亚瓜族等部族。我们主要靠捕鱼、打猎和种植为生，过着快乐的生活。目前部落的生活较为安定，随着周边地区的发展，我们还可以去周边的医院看病，这是以前想都不敢想的事情。"

为了满足路易斯大叔和孩子们的好奇心，酋长特意让强壮的印第安男人表演了打猎的舞蹈。他们挥舞着一种名叫"布谷拉"的打猎武器，跳起了欢快的舞蹈。这种武器是一条长长的空心竹竿，里面安装着细细的竹箭，箭头上涂满了麻药。一旦发现猎物，只要在竹竿一端用力一吹，竹箭就被射出而将动物麻倒。听着他们的谈话，米娜和多多心想：印第安人真是聪明而勤劳呀！

　　结束了热烈的欢迎仪式，丰盛的晚餐开始了，不仅有香喷喷的烤肉、烤鱼，还有香酥酥的玉米饼。酋长还热情地邀请他们品尝部落自酿的美酒。看着花样繁多的美食，米娜和多多吃得很饱，热情的印第安人给这两个孩子留下了深刻的印象。

第二天一大早，路易斯带着孩子们参观了印第安人的住所。他们一般住在简陋的草木小房里：采用木制架子构建，地面是一块巨大的木板，墙壁和顶盖则采用树枝和茅草搭盖而成。因为巴西丛林里经常暴雨不断，因此草制的顶盖通常两三年就要更换一次。在房屋里面有着麻织的吊床，能够很好地防止爬虫等不速之客的入侵。

"印第安部落真是太有意思啦！住在这里一定很开心！"米娜和多多被这里原生态的生活方式深深吸引了，对未来的旅途更是充满了期待。

第14章

热带雨林的保护

　　体验了印第安部落的原生态生活，路易斯大叔和孩子们又将启程了，热情的酋长带着族人将他们送到了河边。米娜恋恋不舍地和印第安孩子们告别，还将自己心爱的中国娃娃送给了他们。多多也慷慨地将背包里的零食送了出去，得到礼物的印第安孩子们非常高兴。

　　三个人又登上了独木舟，继续顺流而下。虽然米娜和多多对河里的食人鱼有所顾忌，但还是被河岸两边迷人的丛林风光深深地吸引了。"吱……

吱……嘣……"丛林的不远处传来

震耳欲聋的巨响，数以万计的鸟儿瞬间飞出茂密的树林，似乎是在躲

避某种突如其来的灾难。

"丛林里发生了什么事？路易斯大叔，我们去看看吧？"米娜看

着漫天惊慌失措的鸟儿建议道。

路易斯大叔缓慢地将独木舟靠岸，带着米娜和多多向着响声传出

的区域靠拢，四散而逃的野兔、野鸡等动物，甚至还有胖嘟嘟的河马

随处可见。到底发生了什么事？

"快看，是有人在伐木！"多多惊呼道。远远望去，一棵棵参

天大树瞬间倒了下来。只见数量众多的工人们手持"嗡嗡"的伐木齿

轮，将粗壮的树干伐断，然后众人齐力一推，参天大树便倒了下来，再由等候在一旁的搬运工将树干架起，运到大型卡车上。

“他们真像是一群勇士，能够将这么粗大的树木砍倒！”看到砍树的整个过程，多多感叹道。

“多多，我觉得他们是坏人，怎么能将丛林的树砍伐掉呢？这样，动物们会失去自己的家呀！”米娜噘起了嘴，不满地看着多多。

望着繁忙的人群，路易斯大叔语气凝重地说：“的确如此，人类大规模地砍伐热带雨林，破坏了热带雨林的生态环境，给丛林的动物们带来了灭顶之灾。砍伐、开荒、火灾是亚马孙雨林的三大威胁。森林的减少使亚马孙流域气温上升，降雨减少，沙漠化现象严重。不过近几年随着巴西人环保意识的增强，雨林砍伐速度明显降低，雨林

的现状有了很大的改观。现在，亚马孙流域仍然有86%完整的热带雨林资源。"

其中一个伐木工人看到他们三个人，热情地问候道："你们是游客吧，热带雨林真是个好地方。"

"树木被你们砍伐了，动物们都没有家了！"米娜不高兴地望着这个肌肉发达的伐木工人，多多也对他爱理不理。

伐木工人摸了摸满脸的胡子哈哈大笑道："小妹妹，你误会我们了。为了能够更好地保护这些热带雨林，现在我们的国家颁布了关于保护亚马孙流域的法律条文，为亚马孙雨林的持续发展寻求出路。另外，国家林业发展局也制定了有关的法律法规，因此我们不敢

乱砍滥伐树木，我们的砍伐是依据有关政策法规来执行的。告诉你吧，小妹妹，适度的砍伐不仅不会对雨林产生破坏，而且能促进雨林的新陈代谢。"

"他说的是真的吗？"米娜带着怀疑的目光望向路易斯大叔。

"是真的，到目前为止，巴西政府已经投资1000亿美元用于保护亚马孙地区的生态和自然资源，并取得了理想的效果。放心吧，孩子们，谁也不能破坏我们共有的热带雨林。"

其他的伐木工人也纷纷聚集过来，热情地和路易斯大叔、两个可爱的孩子打招呼，并邀请他们品尝正宗的巴西咖啡。

三个人都没有想到在雨林里还能品尝到正宗的巴西咖啡。米娜和多多又兴奋起来了，不停地称赞着香浓的咖啡。

亚马孙流域
的法律条文

"在伐木场的旁边有一个很大的咖啡庄园，那里有世界上最正宗的巴西咖啡，我们的拖拉机可以带你们去那儿。"热情的伐木工人们说道。

路易斯大叔欣然接受了他们的建议，米娜和多多也非常想知道咖啡的制作过程，迫不及待地爬上了拖拉机。在轰隆隆的发动机声中，他们浩浩荡荡地向神秘的咖啡庄园驶去。

热带雨林

　　热带雨林在亚洲、非洲、美洲都有分布，我国的西双版纳便是其中的代表之一。早在19世纪，德国植物学家辛伯尔便对热带地区进行了深入考察，发现热带地区炎热潮湿，四季常绿的灌木被生趣盎然、枝繁叶茂的高大树木遮盖。这里生活着地球过半种类的动物，形成了丰富独特的生态结构。经过对热带雨林的研究，辛伯尔首次将这些潮湿炎热地区的森林称为"热带雨林"，从此"热带雨林"这一词汇进入到人们的视线。

第15章

忙忙碌碌的咖啡庄园

在去往咖啡庄园的路上，丛林的密度逐渐减小，逐渐映入他们眼帘的是广阔的田野，以及在农田里打理着农作物的忙碌的农民。道路上的车辆也逐渐多了起来。

马上就要到咖啡庄园了，为了让米娜和多多更多地了解巴西咖啡，路易斯大叔开始滔滔不绝地讲起了关于巴西咖啡的知识："孩子们，巴西的咖啡可以说是举世闻名，以质优味浓著称。经过迅猛发展，咖啡种植业已经成为巴西经济的支柱产业。目前，巴西已经是全球最大的咖啡生产国和出口国，获得了'咖啡王国'的美誉。现在巴西全国有50多万个咖啡种植园，年产咖啡200万吨，是不是很厉害呀？"

　　随着大片大片茂密的咖啡林的出现，路易斯大叔一行人终于到达了庞大的咖啡庄园。种植园里的咖啡树一眼望不到尽头，茂盛的咖啡树伸出椭圆形树叶，枝头挂满了大大小小的咖啡果。繁忙的工人们正在采摘着咖啡豆。米娜和多多对这里的一切都充满了好奇，东看看西望望。

"原来巴西的咖啡种植园这么大，是因为巴西人都很喜欢喝咖啡吗？为什么我在中国没有看到咖啡种植园呢？"米娜看着庞大的咖啡庄园，又想起了自己的家乡。

　　"米娜，咖啡树是热带植物，不适宜在中国大量种植。巴西北部是热带雨林气候，炎热湿润，非常适宜咖啡树等热带植物的生长。在很久以前，巴西是葡萄牙的殖民地，种植咖啡是为了满足葡萄牙等西欧国家的咖啡需求，客观上为巴西咖啡产业的发展打下了基础。孩子们，你们知道人们为什么喜欢喝咖啡吗？因为咖啡有振奋精神的

作用，咖啡中含有的咖啡因能够让劳动者缓解疲劳、提神醒脑，因此咖啡受到全世界人民的广泛青睐。随着世界市场对咖啡需求的不断增大，巴西咖啡产业也快速地发展起来了。"望着一望无际的咖啡树林，路易斯大叔滔滔不绝地说道。

为了近距离体验咖啡的制作过程，路易斯大叔特意带着米娜和多多前往了庄园的烘烤车间。此时，咖啡果的烘烤正在热火朝天地进行着。孩子们对那一堆堆的咖啡豆产生了浓厚的兴趣，热情的工人们还详细地为他们讲解了咖啡制作的过程。在工人的介绍下，米娜和多多更加清楚了咖啡的整个制作过程。

"这些棕色的豆子真香呀，原来这便是制作香浓咖啡的原料，太神奇啦！"米娜闻了闻咖啡豆，不禁感叹道。

"关于这些咖啡豆还有个神奇的传说。"路易斯大叔又要开始讲故事了，孩子们忙凑了过来。"传说古时候，在非洲高原上生活着一个牧羊人叫卡尔，有一天，他突然发现山羊不停地跳跃，好像非常兴奋。卡尔很惊讶，经过细心观察，他发现这些羊群是吃了一种红色的果实才兴奋不已。卡尔好奇地将这种不可思议的红色果实带回家，尝试着煮了一下，没想到满屋子都充满了特别的香味。他喝了一点儿下去后，觉得自己神清气爽。于是，他就将这种果实分给了当地人。很快，大家都喜欢上了这种果实。这就是现在的咖啡豆，其神奇效力也就因此流传了开来。"

"这个牧羊人真是发现咖啡豆的大功臣！"多多兴奋地称道着。

随后，咖啡庄园的工人又邀请路易斯大叔和孩子们品尝香浓的咖啡，米娜和多多早就迫不及待了。他们跟随工人来到了储存成品咖啡的小屋。三个人坐在藤制的椅子上，品尝着原汁原味的巴西咖啡，享受着独特的巴西风情，真是惬意极了。

第16章

瓜拉纳与食人花

　　"米娜和多多，我们的巴西旅行趣味十足，即将回去之际，应该准备一些巴西特产带给我们的朋友们，你们觉得呢？"路易斯大叔一早便收拾妥当，准备带着孩子们出去买一些巴西纪念品。

　　"太对啦，虽然我已经买了很多巴西宝石，但我还是要带些其他的礼物送给朋友们！"米娜听了路易斯大叔的话赞同地说。

“可是，路易斯大叔，我们该去哪里呢？”多多茫然地问道。米娜也是一脸的迷惑。

　　“哈哈，当然是去里约热内卢的巴拉购物中心啦，那里可是外来游客购物的最佳选择，除了一些让人眼花缭乱的艺术品店，还有历史悠久的巴西古董店。另外，特色鲜明的巴西土特产店也一定会让我们满载而归的。巴西每年都要迎接数以万计的游客。游客们大多会选择在赫赫有名的巴拉购物中心为自己的朋友选购礼物，因此那里也成了好评如潮的购物中心。孩子们，我们准备出发吧！”

　　经过几个小时的颠簸，路易斯大叔和两个孩子终于到达了位于大西洋大道的巴拉购物中心。这里人流如潮，商品各具特色。

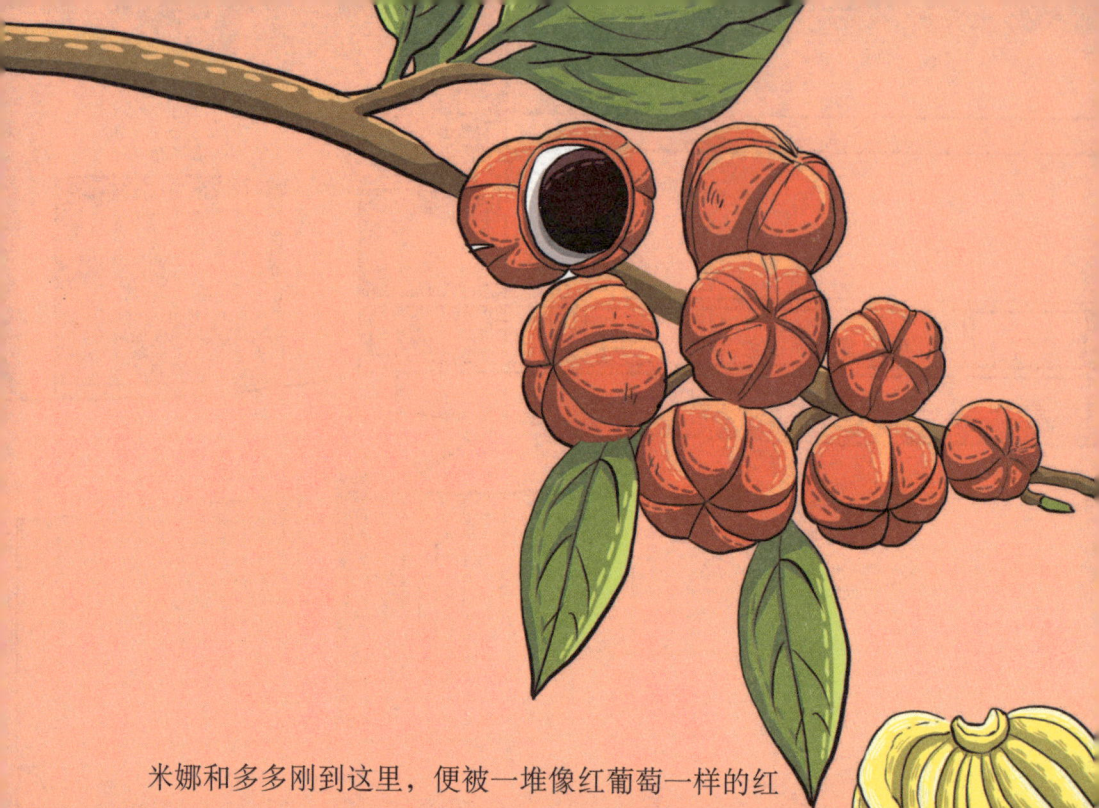

米娜和多多刚到这里，便被一堆像红葡萄一样的红彤彤的果实吸引了。顽皮的多多摘下一颗，剥开厚厚的果肉，里面露出黑漆漆的种子。两个孩子从来没见过这么奇怪的水果，只能请教博学多闻的路易斯大叔。

路易斯大叔告诉他们："这种天然植物的果实叫'瓜拉纳'，因为有着黑色的内核，也被土著人称作'神秘的眼睛'。千万不要小看这小小的果实，它的营养价值是非常高的，里面含有大量的氨基酸、生物碱、碳水化合物、维生素等营养物质，也是有史料记载的雨林药用水果之一。据说，它还可以调节人体代谢，起到延年益寿的功效，在巴西更是被当作昂贵的滋养补品呢！如今，巴西人用它制作的有着浓郁热带地域风味的饮料，拥有了大量钟情于它的消费者，同时也形成了相关的食品、饮品产业。"

除了神奇的瓜拉纳，三个人还看到了热带丛林中皮薄味美的橙

子、大把的香蕉……这些都是美味的巴西水果的代表。

"路易斯大叔，这些味美色艳的水果确实诱人，但我们总不能把这些水果带回去啊，我们应该买些什么样的巴西特产呢？"米娜想到要购买巴西特产就兴奋不已，但又不知道买什么。

"米娜，别着急，这些水果虽然都算得上巴西特产，但的确不好携带。我们先去那边的特产店看看吧，看看有没有比较特殊的礼物。"随着路易斯大叔的指示，米娜和多多看到了一排巴西特产店铺。

米娜和多多争先恐后地上前查看，希望能够有所收获。在一家巴西土特产店里，他们看到了各种各样来自亚马孙森林

深处的奇异花卉。

"孩子们，你们认识这棵植物吗？它在亚马孙森林可是很有名呀！"路易斯大叔像发现新大陆一般招呼着米娜和多多。路易斯大叔所说的这种植物身体像个长长的袋子，有着弯弯的长颈，藤条般的身体微微摇摆，像是一位羞答答的姑娘。

"这花儿真是漂亮！路易斯大叔，这是什么花呀？"米娜看着这漂亮的花，问路易斯大叔。

"这便是亚马孙流域的食人花！它们主要生长在茂密的热带雨林或者沼泽地带，是非常艳丽多彩的花卉品种。目前已知的食人花大约有500多种，因为亚马孙领域有着较为充足的水分和种类繁多的昆虫，生长着不同品种的食人花，更是受到了大量植物学家的关注。"

路易斯大叔耐心地为孩子们讲解。

米娜和多多听到"食人花"三个字，不由自主地向后退了几大步。

"哈哈，你们不要害怕！这棵确实是亚马孙流域的食人花，但是它们主要是通过分泌黏液的方式捕食各种昆虫，对人体没有任何的威胁，食人花吃人只是传说而已。"特产店的店长看到他们害怕的样子，赶紧笑着说道。

"的确如此，植物学家对这种食人花做了大量的研究，得出的结论是：世界上可能不存在能够吃人的植物，但能够吃昆虫的植物还是比较多的。捕蝇草、猪笼草便是我们常见的食肉植物，也可以被称为'食人花'吧！"

路易斯大叔为了打消孩子们的顾虑，

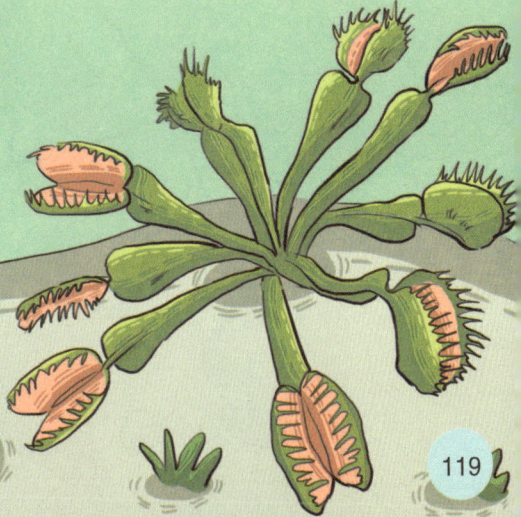

继续讲解道。

"原来是这样，多彩的植物世界真是太神奇啦！"米娜和多多逐渐放松了下来。

为了留住他们对亚马孙流域的探险记忆，路易斯大叔和两个孩子各买了一棵漂亮的食人花，作为纪念。

至此，路易斯大叔、米娜和多多三个人的巴西之旅结束了。

在巴西的旅程中，有桑巴狂欢的疯狂，也有丛林冒险的惊险；有赏心悦目的风景，也有猝不及防的危机。天真烂漫的米娜、活泼顽皮的多多在博学多闻的路易斯大叔的带领下，完成了有趣而又惊险的巴西之旅！

下一站